Fit werden für den DTZ
Trainingsheft zur Prüfungsvorbereitung: Schreiben

Jan Mundhenk

Hinweis zu Namen:
Sämtliche Namen und Bezeichnungen in diesem Material wurden nicht an real existierende Unternehmen oder Personen angelehnt. Sofern Marken- oder Produktbezeichnungen genannt werden, kann aus der nicht gekennzeichneten Verwendung nicht abgeleitet werden, dass diese nicht geschützt sind.

Autor: Jan Mundhenk
Auflage: 1
© 2024
ISBN: 978-3-8370-9787-0
Verlag: BoD • Books on Demand GmbH, In de Tarpen 42, 22848 Norderstedt
Druck: Libri Plureos GmbH, Friedensallee 273, 22763 Hamburg

Abbildungen: Jan Mundhenk
Es wurde recherchiert, ob in diesem Werk Abbildungen von Dritten eingesetzt wurden. Sollten Werke von Urheberinnen oder Urhebern nicht ausfindig gemacht worden sein, werden diese bei Bekanntgabe entsprechend der üblichen Regelungen entschädigt.

Inhaltsverzeichnis

Training 1: Schreiben 4

Training 2: Schreiben 7

Training 3: Schreiben 10

Training 4: Schreiben 13

Training 5: Schreiben 16

Training 6: Schreiben 19

Training 7: Schreiben 22

Training 8: Schreiben 25

Training 9: Schreiben 28

Training 10: Schreiben 31

Training 11: Schreiben 34

Training 12: Schreiben 37

Training 13: Schreiben 40

Training 14: Schreiben 43

Training 15: Schreiben 46

Training 1: Schreiben

Sie haben 30 Minuten Zeit zum Lesen der Aufgaben und zum Schreiben der E-Mail.

Wählen Sie entweder Aufgabe A oder B aus. Schreiben Sie in ganzen Sätzen eine E-Mail. Schreiben Sie auch eine passende Anrede und einen passenden Gruß auf. Schreiben Sie Ihre E-Mail sofort auf das Formular im Antwortbogen. Kreuzen Sie Aufgabe A oder B an.

Aufgabe A
Sie möchten ein Praktikum bei einem Briefdienst machen. Sie haben noch Fragen dazu. Schreiben Sie eine E-Mail an den Vorgesetzten Herrn Lüttkefend vom Briefdienst. Schreiben Sie in Ihrer E-Mail etwas zu:
- Warum Sie sich für das Praktikum besonders interessieren
- Ihre aktuellen Erfahrungen mit dem Austragen von Briefen
- Fragen zu Arbeitszeiten und Gehalt während des Praktikums
- Fragen zum ersten Tag im Praktikum.

Oder

Aufgabe B
Sie wohnen in einer Wohnung zur Miete. Schon seit 3 Tagen ist die Heizung bei Ihnen kaputt und auch das Fenster schließt nicht mehr richtig. Schreiben Sie an Ihren Vermieter, Herrn Lohse, einen Brief. Schreiben Sie in Ihrem Brief etwas zu:
- Warum Sie aktuell ein Problem in der Wohnung haben
- Was Sie gegen das nicht schließende Fenster getan haben
- Was Sie gegen die kaputte Heizung getan haben
- Was Sie vom Vermieter erwarten und fordern.

3 Schreiben ☐ A ☐ B

Training 2: Schreiben

Sie haben 30 Minuten Zeit zum Lesen der Aufgaben und zum Schreiben der E-Mail.

Wählen Sie entweder Aufgabe A oder B aus. Schreiben Sie in ganzen Sätzen eine E-Mail. Schreiben Sie auch eine passende Anrede und einen passenden Gruß auf. Schreiben Sie Ihre E-Mail sofort auf das Formular im Antwortbogen. Kreuzen Sie Aufgabe A oder B an.

Aufgabe A
Sie möchten ein Praktikum beim Jobcenter machen. Sie haben noch Fragen dazu. Schreiben Sie eine E-Mail an die Teamleiterin, Frau Wille, vom Jobcenter. Schreiben Sie in Ihrer E-Mail etwas zu:
- Warum Sie sich für das Praktikum besonders interessieren
- Ihre aktuellen Erfahrungen mit der Vermittlung von Menschen in Jobs haben
- Fragen zu Arbeitszeiten und Gehalt während des Praktikums
- Fragen zum ersten Tag im Praktikum.

Oder

Aufgabe B
Sie wohnen in einer Wohnung zur Miete. Schon seit 2 Wochen ist der Aufzug kaputt und Sie müssen in den 18.Stock laufen. Außerdem sind die Fenster von anderen Mietern kaputt gemacht worden. Schreiben Sie an Ihren Vermieter, Herrn Lohse, einen Brief. Schreiben Sie in Ihrem Brief etwas zu:
- Warum Sie aktuell ein Problem im Haus haben
- Was Sie gegen den kaputten Aufzug getan haben
- Was Sie gegen die kaputten Fenster getan haben
- Was Sie vom Vermieter erwarten und fordern.

3 Schreiben

☐ A   ☐ B

Training 3: Schreiben

Sie haben 30 Minuten Zeit zum Lesen der Aufgaben und zum Schreiben der E-Mail.

Wählen Sie entweder Aufgabe A oder B aus. Schreiben Sie in ganzen Sätzen eine E-Mail. Schreiben Sie auch eine passende Anrede und einen passenden Gruß auf. Schreiben Sie Ihre E-Mail sofort auf das Formular im Antwortbogen. Kreuzen Sie Aufgabe A oder B an.

Aufgabe A

Sie lernen in einem Sprachkurs Deutsch. Der Sprachkurs endet in vier Wochen und Sie suchen einen Berufssprachkurs für B2. Sie haben noch Fragen dazu an Ihre Sprachschule. Schreiben Sie eine E-Mail an das Sekretariat der Sprachschule Frau Oschatz.

Schreiben Sie in Ihrer E-Mail etwas zu:
- Warum Sie sich für den B2-Kurs besonders interessieren
- Ihre aktuelle Berechtigung zur Teilnahme läuft aus – was tun?
- Fragen zu Kurszeiten
- Fragen zum ersten Tag im neuen Sprachkurs.

Oder

Aufgabe B

Sie wohnen in einer Wohnung zur Miete. Schon seit 2 Wochen liegen auf dem Spielplatz Spritzen im Sand und stinkende Windeln von Babys auf den Spielgeräten. Schreiben Sie an Ihren Vermieter, Herrn Tunichtgut, einen Brief. Schreiben Sie in Ihrem Brief etwas zu:
- Warum Sie aktuell ein Problem mit dem Spielplatz haben
- Was Sie gegen die Spritzen im Sand getan haben
- Was Sie gegen den Müll auf den Spielgeräten getan haben
- Was Sie vom Vermieter erwarten und fordern.

3 Schreiben

☐ A   ☐ B

Training 4: Schreiben

Sie haben 30 Minuten Zeit zum Lesen der Aufgaben und zum Schreiben der E-Mail.

Wählen Sie entweder Aufgabe A oder B aus. Schreiben Sie in ganzen Sätzen eine E-Mail. Schreiben Sie auch eine passende Anrede und einen passenden Gruß auf. Schreiben Sie Ihre E-Mail sofort auf das Formular im Antwortbogen. Kreuzen Sie Aufgabe A oder B an.

Aufgabe A

Ihre Kinder gehen zur Schule und Sie haben eine Einladung zum Elternabend für eines Ihrer Kinder bekommen. Die Lehrerin bittet Sie um eine schriftliche Anmeldung per E-Mail. Sie möchten ihr antworten. Schreiben Sie eine E-Mail an die Lehrerin, Frau Nöhlmann-Schräger.
Schreiben Sie in Ihrer E-Mail etwas zu:
-   Kommen zusagen
-   Ihre aktuellen Fragen zu Aufgaben als Eltern in der Klasse
-   Pläne für die Klassenfahrt
-   Fragen zum Kopiergeld.

Oder

Aufgabe B

Sie wohnen in einer Wohnung zur Miete. Schon seit 4 Tagen kommen aus der Toilette komische Gerüche und Sie haben Ratten gesehen. Sie wissen, dass eine Nachbarin ihren Müll immer in die Toilette schüttet und die Toilette dann verstopft. Außerdem ist sehr wenig Druck auf der Wasserleitung. Schreiben Sie an Ihren Vermieter, Herrn Pott, einen Brief. Schreiben Sie in Ihrem Brief etwas zu:
-   Warum Sie aktuell ein Problem in der Wohnung haben
-   Was Sie gegen die Ratten in der Wohnung getan haben
-   Was Sie gegen den geringen Druck der Wasserleitung getan haben
-   Was Sie vom Vermieter erwarten und fordern.

3 Schreiben

☐ A   ☐ B

Training 5: Schreiben

Sie haben 30 Minuten Zeit zum Lesen der Aufgaben und zum Schreiben der E-Mail.

Wählen Sie entweder Aufgabe A oder B aus. Schreiben Sie in ganzen Sätzen eine E-Mail. Schreiben Sie auch eine passende Anrede und einen passenden Gruß auf. Schreiben Sie Ihre E-Mail sofort auf das Formular im Antwortbogen. Kreuzen Sie Aufgabe A oder B an.

Aufgabe A
Sie wohnen in einer Wohnung in einem Haus zur Miete. Die Nachbarin, Frau Rosenstolz, fährt am Sonntag in ihren Urlaub. Sie hat Sie gebeten, nach der Katze zu sehen und die Blumen zu gießen. Sie haben dazu eine E-Mail bekommen. Antworten Sie ihr per E-Mail. Schreiben Sie in Ihrer E-Mail etwas zu:
- Angebot von Hilfe bestätigen
- Aufgaben wiederholen
- Telefonnummer und Kontakt für Notfälle erfragen
- Zeitpunkt der Rückkehr erfragen.

Oder

Aufgabe B
Sie wohnen in einer Wohnung zur Miete. Schon seit 3 Tagen ist die Fensterscheibe in Ihrer Wohnung nach einem Hagel kaputt und auch die Haustür schließt nicht mehr richtig und steht häufig offen. Schreiben Sie an Ihren Vermieter, Herrn Pitzkowsky, einen Brief. Schreiben Sie in Ihrem Brief etwas zu:
- Warum Sie aktuell ein Problem in der Wohnung haben
- Was Sie gegen das kaputte Fenster getan haben
- Was Sie gegen die kaputte Haustür getan haben
- Was Sie vom Vermieter erwarten und fordern.

3 Schreiben

☐ A ☐ B

Training 6: Schreiben

Sie haben 30 Minuten Zeit zum Lesen der Aufgaben und zum Schreiben der E-Mail.

Wählen Sie entweder Aufgabe A oder B aus. Schreiben Sie in ganzen Sätzen eine E-Mail. Schreiben Sie auch eine passende Anrede und einen passenden Gruß auf. Schreiben Sie Ihre E-Mail sofort auf das Formular im Antwortbogen. Kreuzen Sie Aufgabe A oder B an.

Aufgabe A
Sie möchten eine Kollegin auf der Arbeit verabschieden. Dazu soll es eine Abschiedsfeier geben. Sie haben noch Fragen dazu. Schreiben Sie eine E-Mail an den Vorgesetzten Herrn Lüttkefend.
Schreiben Sie in Ihrer E-Mail etwas zu:
- Was Sie sich für die Feier wünschen
- Was sich Ihre Kollegin wünscht
- Fragen zu Wünschen und Hilfe durch den Vorgesetzten
- Fragen zur Hilfe von Kollegen durch den Chef an Kollegen.

Oder

Aufgabe B
Sie wohnen in einer Wohnung zur Miete. Schon seit 3 Tagen ist die Lampe auf dem Flur bei Ihnen kaputt und auch die Wohnungstür schließt nicht mehr richtig. Schreiben Sie an Ihren Vermieter, Herrn Lohse, einen Brief. Schreiben Sie in Ihrem Brief etwas zu:
- Warum Sie aktuell ein Problem in der Wohnung haben
- Was Sie gegen die nicht schließende Wohnungstür getan haben
- Was Sie gegen die kaputte Lampe auf dem Hausflur getan haben
- Was Sie vom Vermieter erwarten und fordern.

3 Schreiben

☐ A ☐ B

Training 7: Schreiben

Sie haben 30 Minuten Zeit zum Lesen der Aufgaben und zum Schreiben der E-Mail.

Wählen Sie entweder Aufgabe A oder B aus. Schreiben Sie in ganzen Sätzen eine E-Mail. Schreiben Sie auch eine passende Anrede und einen passenden Gruß auf. Schreiben Sie Ihre E-Mail sofort auf das Formular im Antwortbogen. Kreuzen Sie Aufgabe A oder B an.

Aufgabe A

Sie möchten ihre Nachbarn zu einer Einweihungsparty einladen. Sie haben noch Fragen dazu. Schreiben Sie eine E-Mail an alle Mitbewohner des Mietshauses.
Schreiben Sie in Ihrer E-Mail etwas zu:
-    Warum Sie eine Party veranstalten
-    Was von wem mitgebracht werden sollte
-    Von wem Sie Geschirr, Gläser und Besteck geliehen bekommen
-    Fragen zur Musik für die Party.

Oder

Aufgabe B

Sie wohnen in einer Wohnung zur Miete. Schon seit 5 Tagen ist die Heizung bei Ihnen kaputt und auch der Fernseher funktioniert nicht mehr richtig. Schreiben Sie an Ihren Vermieter, Herrn Lohse, einen Brief. Schreiben Sie in Ihrem Brief etwas zu:
-    Warum Sie aktuell ein Problem in der Wohnung haben
-    Was Sie gegen den nicht funktionierenden Fernseher getan haben
-    Was Sie gegen die kaputte Heizung getan haben
-    Was Sie vom Vermieter erwarten und fordern.

3 Schreiben

☐ A   ☐ B

24

Training 8: Schreiben

Sie haben 30 Minuten Zeit zum Lesen der Aufgaben und zum Schreiben der E-Mail.

Wählen Sie entweder Aufgabe A oder B aus. Schreiben Sie in ganzen Sätzen eine E-Mail. Schreiben Sie auch eine passende Anrede und einen passenden Gruß auf. Schreiben Sie Ihre E-Mail sofort auf das Formular im Antwortbogen. Kreuzen Sie Aufgabe A oder B an.

Aufgabe A
Sie möchten eine Ausbildung als Elektrikerin bei einem Elektrounternehmen machen. Sie haben noch Fragen dazu. Schreiben Sie eine E-Mail an den Vorgesetzte, Frau Fürste, vom Elektriker.
Schreiben Sie in Ihrer E-Mail etwas zu:
- Warum Sie sich für die Ausbildung besonders interessieren
- Ihre aktuellen Erfahrungen mit der Arbeit mit Strom und Technik
- Fragen zu Arbeitszeiten und Gehalt während der Ausbildung
- Fragen zum ersten Tag in der Ausbildung.

Oder

Aufgabe B
Sie wohnen in einer Wohnung zur Miete. Schon seit 2 Wochen wurde der Müll nicht mehr abgeholt und steht stinkend im Hauseingang. Schreiben Sie an Ihren Vermieter, Herrn Schwingel, einen Brief. Schreiben Sie in Ihrem Brief etwas zu:
- Warum Sie aktuell ein Problem mit dem Haus haben
- Was Sie gegen den nicht abgeholten Müll getan haben
- Was Sie gegen den Gestank im Hauseingang getan haben
- Was Sie vom Vermieter erwarten und fordern.

3 Schreiben

A   B

Training 9: Schreiben

Sie haben 30 Minuten Zeit zum Lesen der Aufgaben und zum Schreiben der E-Mail.

Wählen Sie entweder Aufgabe A oder B aus. Schreiben Sie in ganzen Sätzen eine E-Mail. Schreiben Sie auch eine passende Anrede und einen passenden Gruß auf. Schreiben Sie Ihre E-Mail sofort auf das Formular im Antwortbogen. Kreuzen Sie Aufgabe A oder B an.

Aufgabe A
Sie möchten eine Ausbildung bei einem Reinigungsdienst machen. Sie haben noch Fragen dazu. Schreiben Sie eine E-Mail an die Vorgesetzte, Frau Gründlich, vom Reinigungs- und Putzdienst.
Schreiben Sie in Ihrer E-Mail etwas zu:
- Warum Sie sich für die Ausbildung besonders interessieren
- Ihre aktuellen Erfahrungen mit dem Reinigen von Räumen und Gebäuden
- Fragen zu Arbeitszeiten und Gehalt während der Ausbildung
- Fragen zum ersten Tag in der Ausbildung.

Oder

Aufgabe B
Sie wohnen in einer Wohnung zur Miete. Es ist Winter und es gibt Frost. Schon seit 3 Tagen ist die Heizung bei Ihnen kaputt und auch die Wohnungstür schließt nicht mehr richtig. Schreiben Sie an Ihren Vermieter, Herrn Frohlocker, einen Brief. Schreiben Sie in Ihrem Brief etwas zu:
- Warum Sie aktuell ein Problem in der Wohnung haben
- Was Sie gegen die nicht schließende Wohnungstür getan haben
- Was Sie gegen die kaputte Heizung getan haben
- Was Sie vom Vermieter erwarten und fordern.

3 Schreiben

☐ A ☐ B

Training 10: Schreiben

Sie haben 30 Minuten Zeit zum Lesen der Aufgaben und zum Schreiben der E-Mail.

Wählen Sie entweder Aufgabe A oder B aus. Schreiben Sie in ganzen Sätzen eine E-Mail. Schreiben Sie auch eine passende Anrede und einen passenden Gruß auf. Schreiben Sie Ihre E-Mail sofort auf das Formular im Antwortbogen. Kreuzen Sie Aufgabe A oder B an.

Aufgabe A
Sie möchten eine Ausbildung bei einem Automobilunternehmen in der Produktion machen. Sie haben noch Fragen dazu. Schreiben Sie eine E-Mail an den Vorgesetzten, Herrn Cavallo, vom Autowerk.
Schreiben Sie in Ihrer E-Mail etwas zu:
- Warum Sie sich für die Ausbildung besonders interessieren
- Ihre aktuellen Erfahrungen mit dem Arbeiten an Autos
- Fragen zu Arbeitszeiten und Gehalt während der Ausbildung
- Fragen zum ersten Tag in der Ausbildung.

Oder

Aufgabe B
Sie wohnen in einer Wohnung zur Miete. Schon seit 3 Tagen ist die Heizung bei Ihnen kaputt und auch das Fenster schließt nicht mehr richtig. Schreiben Sie an Ihren Vermieter, Herrn Lohse, einen Brief. Schreiben Sie in Ihrem Brief etwas zu:
- Warum Sie aktuell ein Problem in der Wohnung haben
- Was Sie gegen das nicht schließende Fenster getan haben
- Was Sie gegen die kaputte Heizung getan haben
- Was Sie vom Vermieter erwarten und fordern.

3 Schreiben

A   B

Training 11: Schreiben

Sie haben 30 Minuten Zeit zum Lesen der Aufgaben und zum Schreiben der E-Mail.

Wählen Sie entweder Aufgabe A oder B aus. Schreiben Sie in ganzen Sätzen eine E-Mail. Schreiben Sie auch eine passende Anrede und einen passenden Gruß auf. Schreiben Sie Ihre E-Mail sofort auf das Formular im Antwortbogen. Kreuzen Sie Aufgabe A oder B an.

Aufgabe A

Sie möchten ein Praktikum bei einem Imbiss machen. Sie haben noch Fragen dazu. Schreiben Sie eine E-Mail an den Vorgesetzten, Herrn Özdemir, vom Imbiss. Schreiben Sie in Ihrer E-Mail etwas zu:
-   Warum Sie sich für das Praktikum besonders interessieren
-   Ihre aktuellen Erfahrungen mit der Arbeit in einem Imbiss
-   Fragen zu Arbeitszeiten und Gehalt während des Praktikums
-   Fragen zum ersten Tag im Praktikum.

Oder

Aufgabe B

Sie wohnen in einer Wohnung zur Miete. Schon seit 3 Tagen ist Müll im Garten und die Haustür steht den ganzen Tag über offen. Schreiben Sie an Ihren Vermieter, Herrn Lohse, einen Brief. Schreiben Sie in Ihrem Brief etwas zu:
-   Warum Sie aktuell ein Problem mit dem Garten und dem Haus haben
-   Was Sie gegen die nicht schließende Haustür getan haben
-   Was Sie gegen den Müll im Garten getan haben
-   Was Sie vom Vermieter erwarten und fordern.

3 Schreiben

☐ A ☐ B

Training 12: Schreiben

Sie haben 30 Minuten Zeit zum Lesen der Aufgaben und zum Schreiben der E-Mail.

Wählen Sie entweder Aufgabe A oder B aus. Schreiben Sie in ganzen Sätzen eine E-Mail. Schreiben Sie auch eine passende Anrede und einen passenden Gruß auf. Schreiben Sie Ihre E-Mail sofort auf das Formular im Antwortbogen. Kreuzen Sie Aufgabe A oder B an.

Aufgabe A
Sie möchten eine Arbeit bei einem Lager beginnen. Sie haben noch Fragen dazu.
Schreiben Sie eine E-Mail an die Personalchefin, Frau Schönbach, vom Unternehmen.
Schreiben Sie in Ihrer E-Mail etwas zu:
- Warum Sie sich für die Stelle und Arbeit besonders interessieren
- Ihre aktuellen Erfahrungen mit der Arbeit im Lager
- Fragen zu Arbeitszeiten und Gehalt während der Arbeit
- Fragen zum ersten Tag im neuen Job.

Oder

Aufgabe B
Sie wohnen in einer Wohnung ganz oben im Haus zur Miete. Schon seit 3 Tagen ist der Strom ausgefallen und zusätzlich regnet es in Ihre Wohnung durch das Dach.
Schreiben Sie an Ihren Vermieter, Herrn Lohse, einen Brief. Schreiben Sie in Ihrem Brief etwas zu:
- Warum Sie aktuell ein Problem in der Wohnung haben
- Was Sie gegen den Regen in der Wohnung getan haben
- Was Sie gegen den Ausfall des Stroms getan haben
- Was Sie vom Vermieter erwarten und fordern.

3 Schreiben

A   B

Training 13: Schreiben

Sie haben 30 Minuten Zeit zum Lesen der Aufgaben und zum Schreiben der E-Mail.

Wählen Sie entweder Aufgabe A oder B aus. Schreiben Sie in ganzen Sätzen eine E-Mail. Schreiben Sie auch eine passende Anrede und einen passenden Gruß auf. Schreiben Sie Ihre E-Mail sofort auf das Formular im Antwortbogen. Kreuzen Sie Aufgabe A oder B an.

Aufgabe A
Sie möchten ein Praktikum bei einem Pizzaservice als Fahrer/-in machen. Sie haben noch Fragen dazu. Schreiben Sie eine E-Mail an die Vorgesetzte, Frau Schuhmacher, vom Briefdienst.
Schreiben Sie in Ihrer E-Mail etwas zu:
- Warum Sie sich für das Praktikum besonders interessieren
- Ihre aktuellen Erfahrungen mit dem Kochen und Transportieren von Essen
- Fragen zu Arbeitszeiten und Gehalt während des Praktikums
- Fragen zum ersten Tag im Praktikum.

Oder

Aufgabe B
Sie wohnen in einer Wohnung zur Miete. Schon seit 1 Woche stinkt es bei Ihnen auf dem Dachboden und fremde Menschen ohne eine Wohnung haben dort ihr Zelt aufgebaut und übernachten auf dem Dachboden. Schreiben Sie an Ihren Vermieter, Frau Rauhaar, einen Brief. Schreiben Sie in Ihrem Brief etwas zu:
- Warum Sie aktuell ein Problem mit dem Dachboden haben
- Was Sie gegen die neuen Bewohner getan haben
- Was Sie gegen den unangenehmen Geruch getan haben
- Was Sie vom Vermieter erwarten und fordern.

3 Schreiben

☐ A ☐ B

Training 14: Schreiben

Sie haben 30 Minuten Zeit zum Lesen der Aufgaben und zum Schreiben der E-Mail.

Wählen Sie entweder Aufgabe A oder B aus. Schreiben Sie in ganzen Sätzen eine E-Mail. Schreiben Sie auch eine passende Anrede und einen passenden Gruß auf. Schreiben Sie Ihre E-Mail sofort auf das Formular im Antwortbogen. Kreuzen Sie Aufgabe A oder B an.

Aufgabe A
Sie möchten ein Praktikum bei einem Schrotthändler machen. Sie haben noch Fragen dazu. Schreiben Sie eine E-Mail an den Chef, Herrn Schmarottke, vom Schrotthändler. Schreiben Sie in Ihrer E-Mail etwas zu:
- Warum Sie sich für das Praktikum besonders interessieren
- Ihre aktuellen Erfahrungen mit dem Sortieren und Aufbereiten von Schrott
- Fragen zu Arbeitszeiten und Gehalt während des Praktikums
- Fragen zum ersten Tag im Praktikum.

Oder

Aufgabe B
Sie wohnen in einer Wohnung zur Miete. Schon seit 2 Wochen müsste Ihre Nachbarin Frau Wunderlich das Treppenhaus reinigen und fegen. Allerdings hat Sie Ihnen nur frech geantwortet: „Das ist doch nicht mein Problem, machen Sie es doch selbst." Schreiben Sie an Ihren Vermieter, Herrn Schmidtbauer, einen Brief. Schreiben Sie in Ihrem Brief etwas zu:
- Warum Sie aktuell ein Problem mit dem Zustand des Flurs haben
- Was Sie gegen den schmutzigen Fußboden auf dem Flur getan haben
- Was Sie gegen die unfreundliche Antwort der anderen Mieterin getan haben
- Was Sie vom Vermieter erwarten und fordern.

3 Schreiben

☐ A ☐ B

Training 15: Schreiben

Sie haben 30 Minuten Zeit zum Lesen der Aufgaben und zum Schreiben der E-Mail.

Wählen Sie entweder Aufgabe A oder B aus. Schreiben Sie in ganzen Sätzen eine E-Mail. Schreiben Sie auch eine passende Anrede und einen passenden Gruß auf. Schreiben Sie Ihre E-Mail sofort auf das Formular im Antwortbogen. Kreuzen Sie Aufgabe A oder B an.

Aufgabe A

Sie möchten eine Ausbildung bei einem Briefdienst machen. Sie haben noch Fragen dazu. Schreiben Sie eine E-Mail an die Personalchefin, Frau Ewald, vom Briefdienst. Schreiben Sie in Ihrer E-Mail etwas zu:

- Warum Sie sich für die Ausbildung besonders interessieren
- Ihre aktuellen Erfahrungen mit dem Austragen von Briefen
- Fragen zu Arbeitszeiten und Gehalt während des Praktikums
- Fragen zum ersten Tag im Praktikum.

Oder

Aufgabe B

Sie wohnen in einer Wohnung zur Miete. Schon seit 3 Tagen ist das warme Wasser nach einem Rohrbruch bei Ihnen nicht mehr und auch das Fenster schließt nicht mehr richtig. Schreiben Sie an Ihren Vermieter, Herrn Lohse, einen Brief. Schreiben Sie in Ihrem Brief etwas zu:

- Warum Sie aktuell ein Problem in der Wohnung haben
- Was Sie gegen das nicht schließende Fenster getan haben
- Was Sie gegen das fehlende warme Wasser getan haben
- Was Sie vom Vermieter erwarten und fordern.

3 Schreiben

☐ A ☐ B